# IL TUO STUDIO MEDICO È PRONTO A CONSULTARE I PAZIENTI IN APPUNTAMENTI NON DI EMERGENZA?

Mentre il mondo inizia a ricominciare, la Task Force Starwhite per il recupero degli studi medici ha sviluppato un toolkit gratuito con una guida intermedia che contiene alcune misure da adottare per aiutare i pazienti ad accettare le nuove procedure create per proteggere i pazienti, il personale e i dottori .

Ciò consentirà alle pratiche mediche di fornire nuovamente l'intera gamma di cure per la salute orale.

Starwhite sagl
Svizzera
info@starwhite.ch - www.starwhite.ch

// Berger & partners

**Il toolkit include:**

- Procedura per il paziente
- Procedura per doceto e personale
- Lettera di esempio ai pazienti
- Guida allo screening pre-appuntamento
- Procedure di registrazione del paziente in studio
- Strategie di preparazione dell'area di accoglienza
- Elenco di controllo della presidenza
- Strategie di protezione del personale
- Lista della spesa

E molte altre informazioni e link

Starwhite sagl
Svizzera
info@starwhite.ch - www.starwhite.ch

// Berger & partners

Questo toolkit contiene indicazioni che la task force Starwhite ha selezionato per ricominciare con la pratica medica. Poiché si tratta di una guida provvisoria, si concentra sulla gestione a breve termine della pratica medica durante la pandemia di COVID-19 quando alcuni uffici tornano a fornire cure non emergenti. I dettagli non specificatamente trattati in questa guida intermedia saranno lasciati al giudizio professionale di ciascun dentista.

La possibile integrazione di ulteriori misure di controllo delle infezioni, sistemi di purificazione dell'aria e qualsiasi altra raccomandazione di sicurezza sarà affrontata da molti Consigli internazionali sulla pratica medica man mano che cresce la base di conoscenze COVID-19.

La task force STARWHITE è stata chiamata per fornire consulenza in molti studi per lo sviluppo di strumenti per supportare il medico che sta tornando al lavoro dopo le chiusure COVID-19 e le restrizioni pratiche. È noto che aree diverse torneranno a uno stile di pratica più familiare in tempi diversi e in circostanze diverse. Ogni medico dovrà incorporare il proprio giudizio clinico con la propria conoscenza dell'incidenza dei casi COVID-19 nella propria area, delle esigenze dei propri pazienti e della disponibilità di tutte le forniture necessarie per impegnarsi nuovamente nella fornitura di cure mediche elettive.

Starwhite sagl
Svizzera
info@starwhite.ch - www.starwhite.ch

// Berger & partners

# FORMARE UNA TASK FORCE COVID-19 E UNA SALA COMANDI.

Stabilire un team di diverse funzioni per valutare le esigenze e i rischi del coronavirus della propria organizzazione. Il team dovrebbe includere rappresentanti delle tue funzioni chiave, tra cui catena di approvvigionamento, risorse umane, comunicazioni, operazioni, vendite, legale, salute, sicurezza e ambiente e altro ancora. Determinare il comando e la struttura decisionale della task force. Per le decisioni chiave, chi è l'autorità suprema e chi deve essere informato?

Solo persone specifiche e nominate della task force COVID-19 della tua organizzazione dovrebbero comunicare sulla situazione dell'azienda con dipendenti e pubblico esterno (media, investitori, clienti, fornitori, governo locale, ecc.).

È importante concordare internamente su ciò che verrà comunicato prima di fare qualsiasi annuncio per garantire che la messaggistica sia coerente tra il pubblico diverso. Sviluppa protocolli di sviluppo dei messaggi che consentano una rapida elaborazione e approvazione delle dichiarazioni in modo che le comunicazioni possano essere completate in modo tempestivo e non ostacolate da infinite modifiche. Considerare quando potrebbe essere necessaria l'approvazione legale delle dichiarazioni. I portavoce devono solo rispondere alle domande a cui conoscono le risposte. È una cattiva pratica dare una risposta "ipotesi migliore". Invece, agli interrogatori dovrebbe essere detto: "Esamineremo questo e ti risponderemo al più presto."

Essere pronti a fornire aggiornamenti tempestivi, se necessario, e informare le parti interessate dove possono andare per ulteriori informazioni o domande.

Esegui un'analisi SWOT (punti di forza, debolezza, opportunità, minaccia). Quali protocolli di pulizia ha o ha bisogno la tua organizzazione? Il vostro personale sta aumentando la pulizia e la disinfezione delle superfici tattili (bagni, maniglie delle porte, cucina e sala comune)? Hanno i dispositivi di protezione individuale corretti? Dovrebbero evitare metodi di pulizia che potrebbero aerosol patogeni (lavaggio a pressione, pulizia a vapore). Quali emergenze dovresti pianificare?

1. Educare- Comunicare con tutti i pazienti - compresi i pazienti che non sono stati visti di recente - per aiutare a condividere le migliori pratiche, mantenere i pazienti sani e affrontare eventuali idee sbagliate. I nostri clienti possono utilizzare gli strumenti e i corsi Starwhite per fornire questa istruzione essenziale tramite testo, voce ed e-mail.

2. Identificare- Dell'intera popolazione di pazienti sotto la cura di una clinica, un sottogruppo di pazienti può manifestare sintomi che rappresentano un'infezione COVID-19. È della massima importanza determinare quale di questi pazienti ha una malattia più comune come l'influenza e quali pazienti sono infettati da COVID-19. Assunzione per identificare e valutare i pazienti infetti. In alcune parti degli Stati Uniti in cui il virus è più diffuso, si consiglia uno screening più ampio.

3. Trattare- I pazienti che sono identificati come candidati con diagnosi di COVID-19, devono essere sottoposti a valutazione adeguata. Stiamo offrendo visite di telemedicina su richiesta per garantire che i fornitori possano immediatamente connettersi e triagiare questi pazienti in modo che ricevano assistenza il prima possibile.

### *Educare*

- Ecco quattro obiettivi chiave per l'educazione dei pazienti sotto la tua cura:
- Cancella ogni confusione e disinformazione
- Trasmettere i servizi sanitari offerti durante l'epidemia
- Comunicare le cure preventive ai pazienti ad alto rischio
- Educare i pazienti che sono programmati per gli appuntamenti

La comunicazione delle cure preventive ai pazienti ad alto rischio a maggior rischio di complicanze e decessi per COVID-19, include coloro che:

- Hanno malattie croniche come il diabete o l'enfisema.
- Soffre di immunosoppressione, ad esempio da trattamenti contro il cancro o un trapianto.

### *Hanno 60 anni o più.*

I pazienti ad alto rischio devono essere resi consapevoli del fatto che sono a maggior rischio in caso di infezione da COVID-19. Devono inoltre essere informati delle ulteriori precauzioni richieste durante lo scoppio.

### *Identificare*

È essenziale adottare un approccio proattivo per identificare i pazienti che potrebbero essere infettati da COVID-19, poiché questo è il modo più efficace per rallentare la diffusione di COVID-19. I consigli sullo screening includono:

Starwhite sagl
Svizzera
info@starwhite.ch - www.starwhite.ch

// Berger & partners

## PRIMA DI ENTRARE PER VEDERE UN PAZIENTE, PRENDITI UN MOMENTO PER UN RESPIRO PROFONDO.

Quando si spiegano le opzioni per i pazienti, condividere ciò di cui si è preoccupati in modo da poter decidere cosa è meglio insieme

- ☐ Condividi ogni fase del processo con i pazienti.
- ☐ Cerca momenti ogni giorno in cui puoi connetterti con qualcuno, condividere qualcosa e goderti qualcosa.
- ☐ Analizza e fai il punto delle tue emozioni durante il giorno. Puoi accettarli e quindi determinare di cosa hai bisogno?
- ☐ Chiediti: posso entrare in una mentalità più equilibrata mentre mi sposto in questa prossima responsabilità?
- ☐ Sappi che puoi contare sul tuo team: siamo qui per sostenerci a vicenda.

# LETTERA DI RIASSICURAZIONE DI BENTORNATI

Rassicurare i pazienti dell'impegno del proprio ufficio a mantenere aggiornate le procedure di controllo delle infezioni. Questa lettera personalizzabile può essere aggiornata con le informazioni dello studio medico e inviata ai pazienti quando si riapre l'ufficio.

Per personalizzare il modello per la tua pratica medica, richiedi una copia della traccia: Lettera in lingua italiana

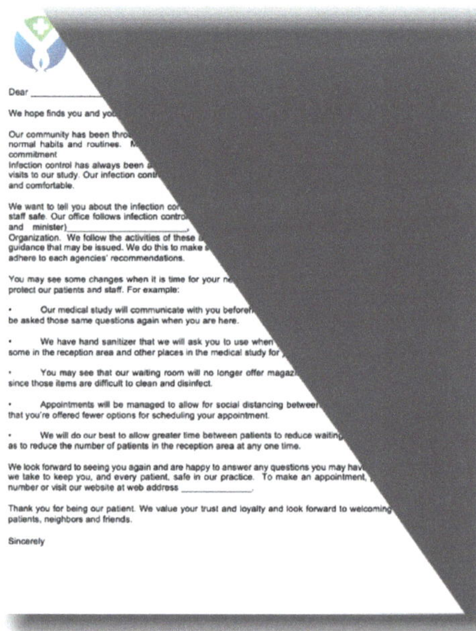

SUGGERIMENTO: personalizzare il documento con le informazioni del paziente e dello studio per l'uso in corrispondenza di mailing o e-mail.

Starwhite sagl
Svizzera
info@starwhite.ch - www.starwhite.ch

// Berger & partners

# PROCESSO DI SCREENING PRE-APPUNTAMENTO

Le seguenti domande possono essere utilizzate per lo screening dei pazienti prima della loro visita in ufficio. Il medico potrebbe aver bisogno di Starwhite la seguente trascrizione di esempio per adattarsi al loro metodo di comunicazione preferito - telefono, videoconferenza, promemoria di testo e sito Web sicuro - per raccogliere informazioni sui pazienti prima della visita in ufficio.

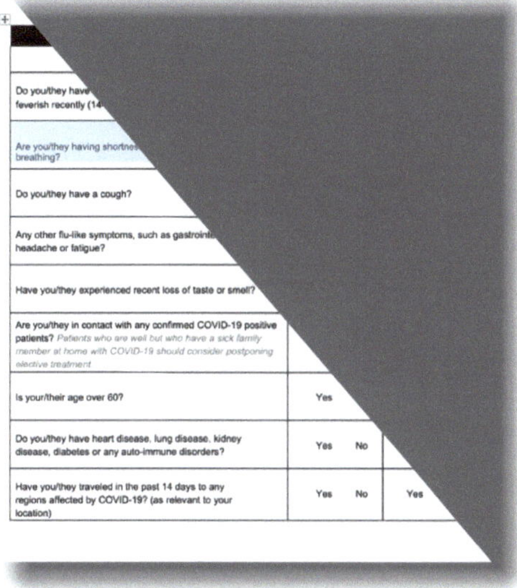

| | | | |
|---|---|---|---|
| Do you/they have ... feverish recently (14... | | | |
| Are you/they having shortnes... breathing? | | | |
| Do you/they have a cough? | | | |
| Any other flu-like symptoms, such as gastrointi... headache or fatigue? | | | |
| Have you/they experienced recent loss of taste or smell? | | | |
| Are you/they in contact with any confirmed COVID-19 positive patients? *Patients who are well but who have a sick family member at home with COVID-19 should consider postponing elective treatment* | | | |
| Is your/their age over 60? | Yes | | |
| Do you/they have heart disease, lung disease, kidney disease, diabetes or any auto-immune disorders? | Yes | No | |
| Have you/they traveled in the past 14 days to any regions affected by COVID-19? (as relevant to your location) | Yes | No | Yes |

- Identificarsi, il nome dell'ufficio / del medico e chiedere di parlare con il paziente o il genitore o il tutore legale del paziente.
- Dopo aver spiegato lo scopo della chiamata, ad esempio un promemoria dell'appuntamento, procedere con il Modulo di screening del paziente (richiedicene copia via email).
- Risposte positive a uno di questi indicherebbero probabilmente una discussione più approfondita con il medico prima di procedere con un trattamento medico elettivo.
  - Informare i pazienti che queste domande verranno ripetute e loro
  - La temperatura verrà rilevata quando arrivano in ufficio per garantire che nulla sia cambiato dalla conversazione telefonica.

- Ricorda ai pazienti / tutori di limitare i compagni extra nel loro viaggio nel tuo ufficio solo alle persone essenziali al fine di ridurre il numero di persone nell'area di accoglienza.
- Se i pazienti / i genitori / i tutori sembrano in qualche modo riluttanti, rassicurali sul fatto che, sebbene ciò possa sembrare strano, tutto viene fatto per una grande preoccupazione per la loro salute, così come per quella degli altri pazienti visti in ufficio, il medico e il personale e qualsiasi pubblico con cui potrebbero venire in contatto.
- Se è necessario lasciare un messaggio vocale o inviare un messaggio di testo, chiedere al paziente di chiamare prima dell'appuntamento per lo screening preliminare. Se il tuo sito web è in grado, puoi installare il questionario e le istruzioni lì per accedere al pre-appuntamento.

 Starwhite sagl
Svizzera
info@starwhite.ch - www.starwhite.ch

// Berger & partners

# SUGGERIMENTI PER LA PRATICA:

- Se adatto alla progettazione del tuo studio, potresti prendere in considerazione la possibilità che i tuoi pazienti aspettino nella loro auto e puoi chiamare o mandare messaggi quando devono entrare. Questo non è pratico per tutti gli studi, quindi usa il tuo giudizio. Per i pazienti che usano altre forme di trasporto, escogitare un piano e fornire istruzioni per entrare prima della loro visita in ufficio.
- Potresti considerare di chiedere ai pazienti di portare le proprie penne da usare (o di fornire loro una penna da portare con sé).
- Se hanno bisogno di annullare a causa di malattia, potresti considerare di rinunciare a qualsiasi politica di cancellazione dell'ultimo minuto che potrebbe esistere.

# PROCEDURE DI REGISTRAZIONE DEL PAZIENTE IN UFFICIO

In questa sezione, gli studi medici possono utilizzare la seguente lista di controllo e le risorse per aiutare a preparare il personale ad accettare i pazienti prima che arrivino, quando arrivano, durante le consultazioni e dopo.

- ☐ Avere disinfettante per le mani disponibile per l'uso.
- ☐ Controllare la temperatura del paziente (<37,5 ° c) con un termometro.
  - o La scansione frontale senza contatto è conveniente e produce meno rifiuti, sebbene qualsiasi termometro sia appropriato purché pulito in modo appropriato tra gli usi.
  - o Assicurati di seguire le istruzioni del produttore.
  - o Se si nota una temperatura elevata, fornire al paziente una maschera e istruire come indossarla; seguire facendo domande di screening e avvisare il medico.
- ☐ Completare Modulo di screening del paziente (indipendentemente dalla presenza di febbre).
  - o Risposte positive a uno di questi indicherebbero probabilmente una discussione più approfondita con il medico prima di procedere con un trattamento medico elettivo.
  - o Ricordarsi di mantenere la riservatezza del paziente.
- ☐ Prendi in considerazione la possibilità di fornire penne (con il marchio dello studio per il marketing) per ciascun paziente e poi di darglielo, piuttosto che

Starwhite sagl
Svizzera
info@starwhite.ch - www.starwhite.ch

riutilizzarlo. In caso di riutilizzo, ricordarsi di pulire le penne tra i trasferimenti avanti e indietro.

- ☐ Fornisci salviette o materiali per pulire penne, appunti, bancone, telefono, tastiere, interruttori della luce, superfici e qualsiasi altro tocco elevato.
  - o Se le superfici sono sporche, devono essere pulite con un detergente o acqua e sapone prima della disinfezione.

# USCITA PAZIENTE POST-CURA

Le istruzioni post-operatorie dovrebbero includere un promemoria per segnalare eventuali segni o sintomi di COVID-19 entro i prossimi 14 giorni.

## STRATEGIE DI PREPARAZIONE DELL'AREA DI ACCOGLIENZA

Prepara il tuo studio medico per COVID-19. Proteggi i tuoi pazienti e il personale con questo elenco di controllo. Enfatizzare l'igiene delle mani e l'etichetta per la tosse per tutti.

## PREPARARE L'INGRESSO ALL'EDIFICIO O ALLO STUDIO:

Fornire una stazione di detersione delle mani all'entrata nella struttura, con un avviso alle persone di usarla prima dell'entrata nel resto dell'ufficio.

# PREPARARE L'AREA DI ATTESA, I BAGNI E LE SALE PER LA CONSULTAZIONE DEI PAZIENTI:

- Fornire:
  - Disinfettante per mani a base alcolica
  - Sapone ai lavandini
  - Cestini dei rifiuti
  - Posizionare le sedie a 2 mt. di distanza, quando possibile. Usa barriere (come schermi), se possibile.
  - Se il tuo studio ha giocattoli, materiali di lettura, telecomandi o altri oggetti comuni, rimuovili o puliscili regolarmente.
  - A intervalli regolari, pulire tutte le superfici toccabili con un detergente per superfici approvato. Ricorda di includere tavoli, braccioli, pomelli, interruttori della luce, appendini e qualsiasi altra cosa con cui le persone entrano in contatto.

Se le superfici sono sporche, devono essere pulite con un detergente o acqua e sapone prima della disinfezione.

Il medico e il personale possono utilizzare questo elenco di controllo mentre preparano le procedure per lavorare nelle sale operatorie durante la visita del paziente e dopo.

- ☐ Consenso informato: verificare con il corriere per negligenza qualsiasi considerazione di un modulo di consenso informato rivisto.
- ☐ Limitare il più possibile le pratiche burocratiche in sala operatoria.
  - ○ Se si utilizza un diagramma di carta, coprire con una barriera trasparente in modo da poter leggere ciò che è necessario per un appuntamento.
  - ○ Posizionare nuove note cartografiche nel documento lontano dall'area di contatto del paziente, quando possibile.
- ☐ Coprire la tastiera del computer con una barriera monouso, flessibile e trasparente (ad es. Pellicola trasparente) e cambiare tra i pazienti.
- ☐ Limitare l'accesso alla sala operatoria al paziente solo quando possibile. Fornire una maschera e uno scudo a chiunque accompagni il paziente.
  - ○ Promemoria: in determinate circostanze, può essere impraticabile limitare gli altri in sala operatoria quando la loro presenza è legalmente richiesta (ad esempio, traduttori, accompagnatori per disabili…).
- ☐ Mantenere il livello del personale in sala operatoria al minimo richiesto.
- ☐ Maschera pre-ingresso (anche per il personale della poltrona) in quanto potrebbero essere presenti particelle di aerosol contenenti virus.

Starwhite sagl
Svizzera
info@starwhite.ch - www.starwhite.ch

// Berger&partners

- ☐ Nessuna stretta di mano o contatto fisico.
- ☐ Lavare mani e guanti nella stanza.
- ☐ Rivedere la storia sanitaria generale, confermando che le domande di screening sono state poste durante la procedura di check-in e, se necessario, riesaminare.
- ☐ Al momento non esistono prove documentate a supporto dei risciacqui pre-procedurali per ridurre la trasmissione del virus COVID-19.
- ☐ Decidi il trattamento usando il giudizio clinico e i fatti noti, combinando:
  - ○ Salute del paziente / fattori di rischio / incidenza geografica di COVID-19.
  - ○ Requisiti procedurali / rischi clinici (produzione di aerosol, induzione della tosse del paziente durante la procedura, capacità di utilizzare la diga di gomma.)

## Queste raccomandazioni si allineano alle raccomandazioni CDC esistenti per i pazienti senza segni / sintomi di COVID-19.

Utilizzare il più alto livello di DPI disponibile durante il trattamento dei pazienti per ridurre il rischio di esposizione. Alcuni rischi sono inerenti a tutti gli scenari. Se non sono disponibili maschere con occhiali protettivi o visiera, ti preghiamo di comprendere che esiste un rischio maggiore di infezione; pertanto, utilizzare il proprio giudizio professionale in relazione al trattamento fornito e ai fattori di rischio del paziente.

Considerando che i pazienti asintomatici possono essere ancora infettivi COVID-19, si dovrebbe presumere che tutti i pazienti possano trasmettere malattie.

| | | |
|---|---|---|
| N95 | N95 | Basso |
| KN95 | N95 MASCHERA EQUIVALENTE * KN / KP95, PFF2, P2, DS / DL2, SPECIALE COREANA 1 ° | Basso |
| | Mascherina chirurgica** | Moderare |

Starwhite sagl
Svizzera
info@starwhite.ch - www.starwhite.ch

**LIVELLO 1** LE MASCHERE HANNO LA MINIMA RESISTENZA AI FLUIDI, EFFICIENZA DI FILTRAZIONE BATTERICA, EFFICIENZA DI FILTRAZIONE DEL PARTICOLATO E RESISTENZA RESPIRATORIA.

**LIVELLO 2** LE MASCHERE FORNISCONO UNA MODERATA BARRIERA PER LA RESISTENZA AI FLUIDI, L'EFFICIENZA DI FILTRAZIONE DEI BATTERI E DEI PARTICOLATI E LA RESISTENZA RESPIRATORIA.

**LIVELLO 3** LE MASCHERE FORNISCONO IL MASSIMO LIVELLO DI RESISTENZA AI FLUIDI RICONOSCIUTO DA ASTM E SONO PROGETTATE PER PROCEDURE CON QUANTITÀ MODERATE O PESANTI DI SANGUE, SPRAY FLUIDI O ESPOSIZIONE AD AEROSOL.

Starwhite sagl
Svizzera
info@starwhite.ch - www.starwhite.ch

// Berger & partners

| | SURGICAL MASK | N95 MASK* | N95 EQUIVALENT MASK KN/KP95, PFF2, P2, DS/DL2, KOREAN SPECIAL 1ST* |
|---|---|---|---|
| **Test e approvazione** | Valutato, testato e Approvato (occore certificato) | Valutato, testato e approvato | Valutato, testato e approvato |
| **dimensionamento** | No | Valutato, testato e approvato da NIOSH secondo i requisiti del 42 CFR Parte 84 | |
| **Destinazione d'uso e** <br><br> **Scopo** | Resistente ai fluidi e fornisce protezione da chi lo indossa da goccioline, schizzi o spruzzi di liquidi corporei o altri liquidi pericolosi. Protegge il paziente dalle emissioni della maschera di chi lo indossa | Riduce l'esposizione di chi lo indossa a particelle tra cui aerosol di piccole particelle e goccioline di grandi dimensioni (solo aerosol senza olio). OSHA raccomanda di certificare l'autenticità delle maschere per assicurarsi che forniscano la protezione prevista. | |
| **Fit tenuta viso +** | Larghi | Aderente** | Aderente** |
| **Requisito di verifica del sigillo dell'utente** | No | Sì. Richiesto ogni volta che la maschera viene indossata (indossata) | Sì. Richiesto ogni volta che la maschera viene indossata (indossata) |
| **Usa limitazioni** | Monouso. Scartare dopo ogni incontro paziente. | Idealmente dovrebbe essere scartato dopo ogni incontro con il paziente che genera aerosol. Dovrebbe | Idealmente dovrebbe essere scartato dopo ogni incontro con il paziente che genera |

| | | | |
|---|---|---|---|
| | | anche essere scartato quando viene danneggiato o deformato; non forma più un sigillo efficace per il viso; diventa bagnato o visibilmente sporco; la respirazione diventa difficile; o se viene contaminato da sangue, secrezioni respiratorie o nasali o altri fluidi corporei dai pazienti | aerosol. Dovrebbe anche essere scartato quando viene danneggiato o deformato; non forma più un sigillo efficace per il viso; diventa bagnato o visibilmente sporco; la respirazione diventa difficile; o se viene contaminato da sangue, secrezioni respiratorie o nasali o altri fluidi corporei dai pazienti |
| | | | |

*** Una maschera che non si adatta non ti protegge, il che significa che non dovresti fare affidamento su di essa per proteggerti dalle infezioni.*

- Usare il giudizio professionale per impiegare l'armamentario che genera aerosol più basso quando si fornisce qualsiasi tipo di cura riparativa o igienica.
- Aspirazione ad alta velocità dei fluidi dovrebbe essere impiegata quando possibile.
- Uso di protossido di azoto: utilizzare cappuccio nasale monouso; il tubo deve essere monouso o, se riutilizzabile, sterilizzato secondo le raccomandazioni del produttore.
- Scuoti le linee d'acqua delle unità meccaniche se stai tornando ad utilizzare dopo una interruzione prolungata. Consultare il produttore per consigli sul prodotto corretti.
- Usare il giudizio professionale sulla rimozione e la sostituzione della maschera tra i pazienti.
- Se stai rimuovendo la maschera, fallo fuori dalla stanza di trattamento.
- Se la maschera è sporca, danneggiata o difficile da respirare, deve essere sostituita.
- Pulire la sala operatoria indossando guanti, maschera e visiera o occhiali.
  - Smaltire le barriere di superficie dopo ogni paziente.
  - Se le superfici sono sporche, devono essere pulite con un detergente o acqua e sapone prima della disinfezione.
  - Per la disinfezione, utilizzare prodotti appropriati per la superficie, seguendo le istruzioni del produttore.
  - Sostituisci le barriere di superficie.
  - Limitare le pratiche burocratiche in sala operatoria.
  - Includi altri sistemi di evacuazione.

# STRATEGIE DI PROTEZIONE DEL PERSONALE

Aiuta a proteggere il personale dell'ufficio mentre riapri la pratica utilizzando le seguenti strategie.

Il medico dovrebbe prendere in considerazione un lancio morbido in cui si discutono le nuove strategie da attuare e dei motivi che le stanno alla base. Pratica queste routine con il personale prima di accogliere i pazienti. Ciò dovrebbe includere, tra le altre cose, la considerazione del flusso di pazienti all'interno e attraverso la pratica, i tempi per l'uso e la sterilizzazione operatoria, le routine del personale durante la vestizione e la rimozione dei DPI e il modo migliore per programmare i "programmi" giornalieri quando si ritorna alle cure del paziente.

## RECEPTION

Il personale della reception può indossare maschere e occhiali o schermi facciali oppure gli uffici possono installare una barriera di protezione trasparente.

Considerare le singole cuffie del telefono per ogni addetto alla reception per ridurre la diffusione del virus nel manipolo del telefono.

Starwhite sagl
Svizzera
info@starwhite.ch - www.starwhite.ch

// Berger & partners

## IGIENE DELLE MANI

Con la massima attenzione all'igiene delle mani del personale, istruire il personale a pulire accuratamente le mani:

- All'entrata nel posto di lavoro.
- Prima e dopo qualsiasi contatto con i pazienti.
- In seguito a contatto con superfici o apparecchiature contaminate.

**WATER AND SOAP**

**FOCUS ON THUMBS**

**PALM TO PALM**

**BACK OF HANDS**

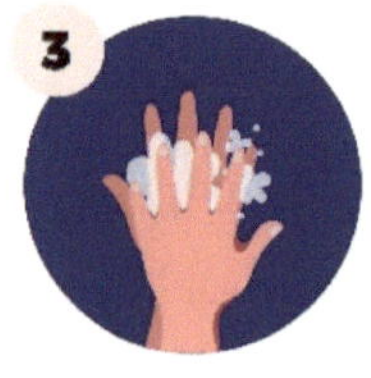

**BETWEEN FINGERS**

**FOCUS ON WHISTS**

Starwhite sagl
Svizzera
info@starwhite.ch - www.starwhite.ch

// Berger & partners

# INTRODUZIONE ALL'IGIENE DELLE MANI PER GLI OPERATORI SANITARI

## L'igiene delle mani è un termine generale che si applica a:

- lavaggio a mano di routine con acqua e sapone e acqua
- lavare con acqua e sapone antimicrobico
- lavarsi le mani con un detergente antisettico a base di alcool
- antisepsi chirurgica

In conformità con le procedure di controllo delle infezioni nell'ufficio medico, rimuovere tutti i gioielli, compresi gli orologi. Tieni le punte delle unghie tagliate a circa un quarto di pollice e dovrebbero essere limate ordinatamente senza bordi taglienti.

Starwhite sagl
Svizzera
info@starwhite.ch - www.starwhite.ch

// Berger & partners

# QUANDO DEVE ESSERE ESEGUITA L'IGIENE DELLE MANI?

R l'igiene delle mani deve essere eseguita:

- prima e dopo il trattamento dei pazienti
- prima di lasciare l'ambulatorio medico
- dopo aver toccato oggetti contaminati da sangue, saliva o altre secrezioni
- quando le mani sono visibilmente sporche
- dopo aver rimosso guanti strappati, tagliati o forati
- e prima di sostituire i guanti

Quando si maneggiano strumenti contaminati per l'elaborazione degli strumenti, indossare sempre guanti da lavoro. Non usare mai le mani nude.

Quali prodotti possono essere utilizzati? Per le procedure di routine, non chirurgiche, l'igiene delle mani può essere eseguita con:

- sapone e acqua
- un sapone antimicrobico e acqua
- o uno sfregamento manuale a base alcolica, con una concentrazione alcolica del 60-90%

Starwhite sagl
Svizzera
info@starwhite.ch - www.starwhite.ch

// Berger & partners

# IGIENE DELLE MANI PER PROCEDURE MEDICHE DI ROUTINE

| Scenario | Soap and Water | Antimicrobial Soap and Water | Alcohol-Based Hand Rub |
|---|---|---|---|
| If hands are visibly soiled (e.g., dirt, blood, body fluids). | YES | YES | NO |
| If hands are not visibly soiled. | YES | YES | YES |

## LAVARE CON ACQUA E SAPONE

Se le mani sono visibilmente sporche, devono essere lavate con acqua e sapone.

In primo luogo, bagnare le mani e applicare una piccola quantità di sapone liquido su un palmo.

Quindi, strofinare energicamente fino a quando appare la schiuma e continuare a strofinare per almeno 15 secondi. Strofina tra le dita, sotto le unghie, il dorso delle mani e i palmi delle mani fino ai polsi.

Quindi, sciacquare le mani sotto l'acqua corrente. Asciugati completamente le mani con un asciugamano monouso. Se il rubinetto non ha il pedale o lo spegnimento automatico, usa l'asciugamano come barriera per chiudere il rubinetto.

Starwhite sagl
Svizzera
info@starwhite.ch - www.starwhite.ch

// Berger & partners

# LAVARSI LE MANI CON UNA MANO A BASE DI ALCOOL

Per pulire le mani con uno strofinamento a base di alcool, controllare le istruzioni del produttore per quanto prodotto si dovrebbe applicare. Alcuni produttori affermano semplicemente: bagnare accuratamente le mani con il prodotto. Dispensare la mano a base alcolica sul palmo e strofinare le mani coprendo tutte le superfici e le dita fino a quando le mani sono asciutte. Se le tue mani si sentono asciutte dopo averle strofinate insieme per 10-15 secondi, molto probabilmente non hai applicato abbastanza prodotto.

## SAPONE E ACQUA SONO MEGLIO DI UNO SFREGAMENTO A BASE DI ALCOL?

Secondo le raccomandazioni degli esperti per il controllo delle infezioni in ambito medico, entrambi i prodotti possono essere utilizzati per l'igiene delle mani di routine, a condizione che non vi siano contaminazioni visibili sulle mani. Strofinare le mani a base di alcol con una concentrazione di alcol tra il 60-95% è più efficace nell'uccidere i germi. Inoltre, mentre gli sfregamenti delle mani a base alcolica possono inattivare molti tipi di microbi, devono essere usati correttamente per essere efficaci.

## IGIENE DELLE MANI PER PROCEDURE CHIRURGICHE

| Scenario | Soap and Water Alone | Antimicrobial Soap and Water | Soap and Water Followed by Alcohol-Based Hand Rub |
|---|---|---|---|
| Surgical hand antisepsis before gloving | NO | YES | YES |

Gli sfregamenti delle mani a base di alcol sono utili quando non sono disponibili o fattibili strutture per il lavaggio delle mani.

Gli sfregamenti delle mani con alcool sono utili anche per ridurre la secchezza e l'irritazione della pelle.

## EFFICACIA DEI PREPARATI PER L'IGIENE DELLE MANI NELLA RIDUZIONE DEI BATTERI

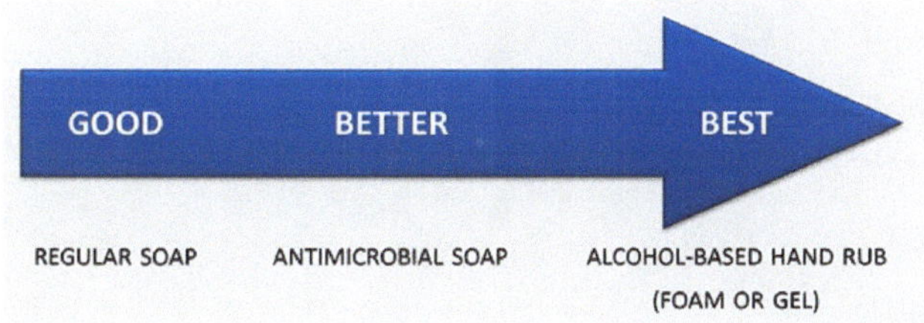

**Starwhite sagl**
Svizzera
info@starwhite.ch - www.starwhite.ch

// Berger & partners

Indipendentemente dal prodotto per l'igiene delle mani che usi, le mani devono essere completamente prive di umidità prima di indossare i guanti. Le mani asciutte aiutano a ridurre l'irritazione della pelle. Ricorda che se applichi una lozione durante la giornata lavorativa, usa una lozione a base d'acqua. Lozione a base di petrolio può indebolire i guanti in lattice.

Una buona igiene delle mani, combinata con guanti, sono elementi essenziali per il controllo delle infezioni. L'igiene delle mani protegge te, il tuo personale e il tuo paziente.

**Starwhite sagl**
Svizzera
info@starwhite.ch - www.starwhite.ch

// Berger & partners

## Igiene delle mani durante la risposta all'emergenza internazionale di COVID-19

Le raccomandazioni riflettono l'importante ruolo dell'igiene delle mani nel prevenire la trasmissione di agenti patogeni in ambito sanitario per un'ampia gamma di agenti patogeni. La capacità di igiene delle mani, incluso il lavaggio delle mani o l'uso di disinfettanti per le mani a base alcolica per prevenire le infezioni, è correlata alla riduzione del numero di agenti patogeni vitali che contaminano transitoriamente le mani. Il lavaggio delle mani rimuove meccanicamente i patogeni, mentre i dati di laboratorio dimostrano che il 60% di etanolo e il 70% di isopropanolo, i principi attivi dei disinfettanti per le mani raccomandati a base di alcol, inattivano i virus geneticamente correlati e con proprietà fisiche simili a quelle del 2019-nCoV . Mentre l'esatto ruolo della diffusione diretta e indiretta di coronavirus tra le persone che potrebbe essere ridotto dall'igiene delle mani non è noto in questo momento, l'igiene delle mani per la prevenzione delle infezioni è una parte importante della risposta all'emergenza internazionale di COVID-19.

Si raccomanda l'uso di disinfettanti per le mani a base di alcol con più del 60% di etanolo o 70% di isopropanolo come forma preferita di igiene delle mani nelle strutture sanitarie, sulla base di un maggiore accesso al disinfettante per le mani. Gli operatori sanitari che utilizzano disinfettanti per le mani a base di alcol come parte della loro routine di igiene delle mani possono informare i pazienti che stanno seguendo le linee guida.

Starwhite sagl
Svizzera
info@starwhite.ch - www.starwhite.ch

// Berger & partners

# CAPI DI ABBIGLIAMENTO

- Se disponibili, gli abiti dovrebbero essere considerati.
  - Cambia abito se diventa sporco.
  - Gli abiti monouso devono essere eliminati dopo l'uso. Abiti di stoffa dovrebbero essere laundered dopo ogni utilizzo.

- Se si devono indossare scrub, cambiare tra abiti da strada e scrub all'ingresso e all'uscita o fare lo stesso con altri indumenti da ufficio.
  - Fornire un servizio lavanderia in ufficio.
  - Contrattare con un servizio di lavanderia è un'altra opzione.
  - Indossare indumenti a maniche lunghe.

- Il giudizio professionale dovrebbe essere esercitato riguardo all'uso di copriletti usa e getta o copricapo

- Gravidanza

- I membri dello staff in stato di gravidanza devono cercare e seguire l'assistenza medica del proprio medico in merito al lavoro.

- Le informazioni su COVID-19 in gravidanza sono molto limitate; gli uffici potrebbero voler considerare la possibilità di limitare l'esposizione del personale in gravidanza ai pazienti, specialmente durante le procedure a rischio più elevato (ad es. procedure che generano aerosol) se fattibile, in base alla disponibilità di personale

# TEST DIAGNOSTICI DEL CORONAVIRUS

Sono in commercio numerosi test, verificate attentamente le procedure e, in caso di risultato positivo, è consigliabile effettuare un test di verifica per evitare di allarmare inutilmente paziente e personale. Soprattuto in cosiderazione dell'approssimazione intrinseca ai dispositivi oggi in commercio.

# SCREENING DEI DIPENDENTI COVID-19

- Prendere in considerazione l'implementazione di un punto di controllo e di controllo giornaliero dello screening sanitario per tutti i dipendenti che entrano nel posto di lavoro.
- Chiedere a tutte le persone (dipendenti / proprietari / associati) che segnalano di lavorare con le seguenti domande, ricordandosi di rispettare la loro riservatezza:

Starwhite sagl
Svizzera
info@starwhite.ch - www.starwhite.ch

// Berger & partners

Hai uno dei seguenti sintomi?

- Febbre o sensazione di febbre (brividi, sudorazione). Non è necessario se si prende la temperatura, ma chiedere informazioni sui farmaci che riducono la febbre o che alterano i sintomi.
- Si consiglia ai dipendenti che hanno sintomi di malattia respiratoria acuta di avvisare il proprio supervisore e di rimanere a casa fino a quando non sono liberi dalla febbre (37,5 ° C [100,4 ° F o superiore con un termometro orale), hanno segni di febbre e altri sintomi per almeno 24 ore, senza l'uso di medicinali che riducono la febbre o altri che alterano i sintomi (es. soppressori della tosse).

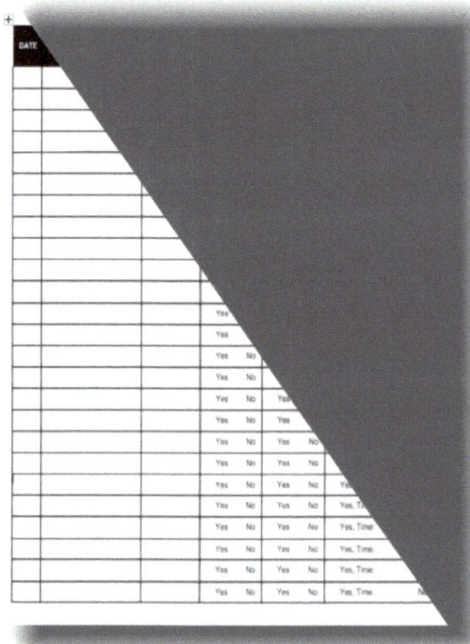

- Mancanza di respiro (non grave)
- Tosse

Sei malato o ti prendi cura di qualcuno che è malato?

- o Le persone che stanno bene ma che hanno un familiare malato a casa con COVID-19 dovrebbero informare il proprio supervisore.
- o Indirizzo per venire a lavorare nelle politiche del tuo ufficio, affrontando le assenze per congedo per malattia in base alla situazione e alle dimensioni del tuo ufficio, seguendo le disposizioni federali e statali sul lavoro.
- o Se si conferma che un dipendente ha COVID-19, il datore di lavoro deve informare i propri dipendenti della loro possibile esposizione a COVID-19 sul posto di lavoro, ma mantenere la riservatezza.
- o Nelle due settimane precedenti ti sei sentito male:
- o Hai contatti con qualcuno a cui è stato diagnosticato COVID-19?
- o Vivi o visiti un luogo in cui COVID-19 si sta diffondendo?

Starwhite sagl
Svizzera
info@starwhite.ch - www.starwhite.ch

// Berger & partners

# LISTA DELLE COSE DA FARE

Considera che aziende di fornitura e produzione devono far fronte non solo alle richieste del settore medico ma anche della ristorazione, i negozi e cosi via. Assicurati di aggiungerti alle liste di attesa per prodotti / forniture. Non è chiaro quando le catene di approvvigionamento torneranno alla normalità, ma se non ti trovi in un elenco potresti perdere.

- ☐ Barriera alla reception
- ☐ Igienizzante mani
- ☐ Stazioni disinfettanti per le mani per l'entrata / uscita della pratica
- ☐ Tessuti: disponibili in tutta la pratica per l'etichetta di tosse / starnuti
- ☐ Cestini: vicino ai tessuti
- ☐ Termometro / i: per le stazioni di ingresso / registrazione
- ☐ Sapone
- ☐ Prodotti di carta
- ☐ Penne usa e getta: potrebbe essere necessario ordinare penne personalizzate per dare a ciascun paziente il proprio o suggerire in una chiamata di screening che i pazienti portino il proprio.

- ☐ ____________________
- ☐ ____________________
- ☐ ____________________

Questa guida ha lo scopo di aiutare le pratiche mediche a ridurre (ma non eliminare) il rischio di trasmissione del coronavirus durante l'attuale pandemia. Le pratiche mediche non devono presumere che seguendo le linee guida li isolino dalla responsabilità in caso di infezione. Il medico dovrebbe anche essere a conoscenza di eventuali leggi, regolamenti o regole pertinenti adottati nei loro stati.

---

**Starwhite sagl**
Svizzera
info@starwhite.ch - www.starwhite.ch

// Berger & partners

*CREDITI*

https://www.ada.org/en
https://www.cdc.gov/handhygiene/index.html
https://www.cdc.gov
https://www.epa.gov
https://www.who.int
https://www.sso.ch/home.html
https://www.bag.admin.ch/bag/de/home.html
https://www.andi.it
http://www.salute.gov.it/nuovocoronavirus
https://solidarites-sante.gouv.fr
https://www.bundesgesundheitsministerium.de

Starwhite sagl
Svizzera
info@starwhite.ch - www.starwhite.ch

// **Berger** & partners

# VUOI RICEVERE LA NOSTRA CONSULENZA

# O I DOCUMENTI DI ESEMPIO

# IN FORMATO MODIFICABILE GRATUITAMENTE?

## SCRIVICI UN EMAIL A
## INFO@STARWHITE.CH

Starwhite sagl
Svizzera
info@starwhite.ch - www.starwhite.ch

// Berger & partners